ADRESSE
DES COLONS,

NÉGOCIANS, ARMATEURS

ET CRÉANCIERS

DES ÎLES

DE FRANCE ET DE BOURBON,

A MESSIEURS

LES MEMBRES DE LA CHAMBRE DES DÉPUTÉS.

A MESSIEURS

LES MEMBRES

DE LA CHAMBRE DES DÉPUTÉS,

———

Messieurs,

Les colons, négocians, armateurs et créanciers des îles de France et de Bourbon, viennent, avec tout le respect dû au caractère dont vous êtes revêtus, soumettre à votre connaissance la loi la plus tyrannique qui ait jamais pu paraître sous le gouvernement d'un despote. Cette loi, provoquée par le ministre Décrès, ne peut appartenir à aucune législation, à aucun siècle ; cette loi, par les dispositions les plus arbitraires, et dont il n'y pas d'exemple dans le monde policé, ruine de fond en comble d'honnêtes citoyens, de braves Français, qui n'ont d'autres torts (si jamais cela en fut un) que d'avoir trop aimé leur pays, et d'avoir eu trop de confiance dans la loyauté de leurs administrateurs généraux ; cette loi anéantit, sans motifs et contre tous les principes de la justice et de la morale, les titres les plus sacrés, des lettres de change, des marchés solennels, même des condamnations et des dépôts judiciaires ; enfin, cette loi est si inique que ses auteurs n'ont jamais osé la faire imprimer ; elle n'a pas été insérée dans le Bulletin des lois, et peut-être même n'existe-t-elle pas dans la secrétairerie d'Etat ; elle a été envoyée en manuscrit dans le bureau des colonies, comme une épée dans le fourreau ; et on ne se sert de cette arme honteuse que pour éloigner de malheureux créanciers qui ont été proscrits sans être entendus, et qui se trouvent réduits à la misère, à côté de titres paralysés par la volonté du plus fort ! Cette loi infâme ne pourra qu'exciter toute votre indignation. Les pétitionnaires vont la mettre sous vos yeux,

bien persuadés que vous vous empres-
serez de la proscrire et de les faire réta-
blir dans tous leurs droits.

Du 28 février 1812.

« Sur le rapport de notre ministre de
« la marine et des colonies, nous avons
« décrété, etc. »

Ce décret ne contient aucun motif,
aucun considérant. Il était, en effet, bien
difficile de donner des raisons plausibles
pour légitimer un acte d'autorité et de
despotisme, tel que celui provoqué par
le ministre de la marine et des colonies ;
le chef du gouvernement ne pouvait dire
autre chose, si ce n'est que telle était *sa
volonté et son bon plaisir.*

ARTICLE PREMIER.

« Les lettres de change tirées par le
« payeur de l'Ile - de - France sur le
» payeur général de la marine, depuis
« le 29 novembre 1810, sont annullées.»

« sauf en ce qui concerne celles pour
« parts de prises, appointemens et suc-
« cessions de militaires. »

Le ministre de la marine avait sous les yeux le bordereau des lettres de change tirées de l'Ile - de - France ; il avait toutes les pièces de la comptabilité dans ses bureaux ; alors il s'est convaincu que la grande masse des lettres de change de cette colonie, avait une date postérieure au 29 novembre 1810 ; alors il lui a paru très-commode de faire liquider cet objet majeur avec une annihilation. Ces traites n'étaient pas moins sacrées que les autres ; mais que lui importait la nature de ces créances lorsqu'il s'agissait de faire des *économies* (1) ?

La masse des lettres de change tirées en dernier lieu de l'Ile-de-France, a dû

---

(1) On appelait *faire des économies dans un ministère*, ne payer personne, laisser beaucoup d'arriéré ; c'était le moyen d'être bien vu du chef, et d'obtenir de l'avancement. Dans les,

nécessairement être très-considérable : jamais cette colonie n'avait été dans le cas de faire autant de dépenses que dans les six mois qui ont précédé sa chute.

Placée à 4,500 lieues de la métropole, privée depuis six ans de toute espèce de secours, bloquée strictement depuis quatre ans, et ensuite menacée d'être attaquée par des forces immenses, elle était obligée de se procurer à grands frais tous les objets dont elle avait besoin pour s'approvisionner et se défendre. Outre les employés français, un état-major nombreux, plusieurs officiers supérieurs en retraite, elle avait dans les derniers temps environ trois mille prisonniers de guerre à nourrir : non compris les malades, il y avait dans les hôpitaux plus de huit cents blessés français et anglais, par suite des combats de l'île

---

momens de pénurie pour les grandes entreprises, ~~chaque~~ ministre lui faisait hommage de ses économies.

de la Passe (1) et de ceux à vue de l'île de
Bourbon; il y eut six frégates totalement
désemparées qu'il fallut remettre en état,
et qui ne coûtèrent pas moins de 250
mille francs chacune (2); enfin on fit faire
des travaux immenses dans le port et
aux environs, pour pouvoir résister. Les
vivres et les munitions étaient d'autant
plus chers qu'ils étaient plus rares et que
les arrivages devenaient plus difficiles.
Cependant l'esprit public de cette colonie était si bon, que les administrateurs généraux trouvèrent jusqu'au dernier moment, chez leurs administrés,
des prêts et des secours inattendus.

Il fut ouvert, dans ce semestre, un
emprunt remboursable en France, *sans
intérêt*, en lettres de change : l'admi-

---

(1) Les résultats de ces combats glorieux, furent quatre frégates anglaises prises ou brûlées,
et 2,400 prisonniers.

(2) Le cordage valait alors 300 fr. le quintal,
et la toile à voile 200 fr. la pièce.

(7).

nistration annonça qu'elle recevrait pour
argent comptant des vivres, des bois à
feu et de marine, et d'autres objets aux
prix qu'elle déterminerait ; ce prêt eut
lieu à la satisfaction des chefs.

Quelques-uns traitèrent pour le transport des prisonniers de guerre en An-
gleterre, afin de débarasser la colonie
d'un fardeau qui l'écrasait, et qui de-
venait dangereux dans la circonstance
critique où elle se trouvait. L'administration était dans une telle gêne, qu'elle
ne pouvait fournir à aucun frais pour ce
service : il fut fait des marchés payables
en France, avec des armateurs qui se
chargèrent de faire toutes les avances.

Beaucoup de colons qui avaient des
remises à faire en France, portèrent
leur argent au trésor de l'île, pour avoir
des lettres de change ; les fournisseurs
en prirent pour leurs fournitures, les
employés et les militaires pour leurs
appointemens, et les marins pour un
quantùm de leurs parts de prises, re-

tenu dans la colonie, en vertu d'un ordre du ministre.

Tout le monde rivalisa de zèle pour soutenir et conserver à la France cette importante colonie, ce boulevard des mers des Indes.

Malgré tous les sacrifices des habitans, malgré toutes les précautions prises par le brave capitaine-général Decaen, l'Ile-de-France fut obligée de succomber : elle se rendit le 2 décembre 1810, à une expédition d'environ trente deux mille hommes qui s'étaient réunis des quatre parties du globe pour l'attaquer; et quoiqu'elle n'eût à opposer qu'environ dix-huit cents hommes, elle obtint la capitulation la plus honorable (1).

---

(1) « La Grande-Bretagne, a dit Raynal, voit
« d'un œil chagrin dans les mains de ses rivaux,
« une possession où l'on peut préparer la ruine
« de ses prospérités d'Asie. Dès les premières
« hostilités entre les deux nations, elle dirigera
« sûrement tous ses efforts contre une colonie

L'île de Bourbon avait subi le même sort le 7 juillet de la même année.

Les occupations de l'administration de l'Ile-de-France avaient été si multipliées dans les six derniers mois de son existence française, les évènemens s'étaient succédés avec tant de rapidité, que les travaux des bureaux se trouvèrent arriérés : la majeure partie de la liquidation de ce semestre ne put se faire que dans le mois de novembre et dans les premiers jours de décembre ; d'ailleurs l'administration , en raison de ses besoins , fut en compte jusqu'au

« qui menace la source de ses plus riches tré-
« sors. Quel malheur pour la France si elle s'en
« laissait dépouiller ! »

Le grand malheur est arrivé , et la faute en est au ministre Decrès, qui a sacrifié la marine et toutes les colonies à ses vues *économiques* ; nous avons fait des efforts extraordinaires pour nous défendre ; si nous avions été secourus, l'Ile-de-France serait toujours vierge , et elle appartiendrait encore à la France.

dernier moment avec tous ses administrés.

A mesure que les lettres de change
furent prêtes , elles furent présentées à
la signature de monsieur le préfet et des
autres administrateurs : beaucoup furent
signées les 29 et 30 novembre et les 1 et
2 décembre , qui représentaient des
fonds versés et des fournitures faites ,
il y avait peut-être plus de trois mois ;
tandis que beaucoup de celles signées
le 28 novembre et les jours précédens
pouvaient représenter les remises de
fonds et les fournitures les plus récentes.
Il est même à présumer que ce sont les
meilleurs et les plus dignes Français qui
ont été liquidés les derniers, puisque
ceux-là , plus de huit jours avant la
prise , étaient entrés en campagne avec
la troupe de ligne, et faisaient un service régulier en présence de l'ennemi ,
sans pouvoir rentrer en ville pour y va-
quer à leurs affaires , tandis que les lâ-
ches et les traîtres pouvaient s'occuper

de leurs intérêts, et obtenir une priorité de liquidation et de date qui leur est devenue très-avantageuse, en raison de la proscription prononcée par l'article premier du décret du 28 février 1812 contre les lettres de change tirées depuis le 29 novembre 1810.

A l'égard des fournitures et appointemens qui ne se trouvèrent pas liquidés en lettres de change au moment de la prise, l'administration donna seulement des décomptes.

Voilà la position critique dans laquelle s'et trouvée l'Ile - de - France avant sa chute ; voilà le récit exact des évènemens qui ont nécessité les dépenses énormes dont on demande le remboursement : voilà enfin la manière dont s'est opérée la liquidation dans la colonie. On peut dire avec assurance qu'elle s'est faite avec toute la sévérité des principes qui caractérisaient nos administrateurs généraux.

Le ministre a bien cherché des prétextes pour inculper les administrateurs de l'Ile-de-France, de même qu'il l'avait fait à l'égard de ceux de la Martinique et de la Guadeloupe ; mais il lui fut impossible d'en trouver : le chef du gouvernement de France ne put que leur rendre la justice qui leur était due et approuver leur conduite. Ils furent appelés de suite à des fonctions éminentes ; le général Decaen fut nommé gouverneur-général et commandant en chef en Catalogne, et M. Léger, préfet maritime à Brest.

Les administrateurs généraux des îles de France et de Bourbon ont géré en pères de famille ; on ne peut leur reprocher aucun vol, aucune dilapidation ; ils ont été approuvés dans leur conduite : pourquoi tous les créanciers qui leur ont fourni des avances, n'auraient-ils pas les mêmes droits, *sans distinction*, pour être payés ?

La proscription prononcée par l'article 1er contre les lettres de change tirées depuis le 29 novembre 1810 , est un abus de pouvoir, dont un despote de l'Inde aurait à rougir : il fallait avoir atteint le degré de démoralisation qui a existé sous le dernier gouvernement, pour voir un brigandage pareil consacré par une loi.

Ce n'était donc que pour nous tromper et pour abuser de la foi publique, que le ministre écrivait aux administrateurs des îles de France et de Bourbon, ce qui suit :

« *En vous donnant, Messieurs, sur l'émission de vos traites, un pouvoir discrétionnel, je le fais avec d'autant plus de confiance, que l'honneur de votre administration, lié à l'intérêt de l'Etat, et votre dévouement à Sa Majesté, ressortiront davantage de la réserve avec laquelle vous userez de ce pouvoir. C'est à votre sagesse et à votre expérience, de rendre dans cette circonstance à l'Empereur, les services* les plus signalés que comporte votre situation, et que Sa Majesté attend de la confiance toute particulière dont elle vous honore, et de votre attachement pour son auguste personne.

« J'ai le bonheur, Messieurs, d'avoir à terminer cette lettre par les témoignages de satisfaction que l'Empereur m'a ordonné de vous adresser sur votre bonne administration. Je dois y joindre celui de sa confiance dans ses fidèles sujets habitans des îles de France et de la Réunion, et de son amour paternel pour eux.

« L'Empereur sait combien le bruit de ses triomphes doit agiter l'esprit guerrier des troupes qui servent dans ces colonies. Il apprécie leurs regrets de n'être pas assez heureuses pour partager personnellement ses nobles travaux; mais dans ce poste important qu'elles lui conservent, elles n'en ont pas des droits moins positifs à sa bien-veillance et à ses sollicitudes.

« *Voilà ce que Sa Majesté m'a chargé de vous exprimer ; et son auguste épouse était à peine rendue à la capitale, qu'elle me disait : N'oubliez pas combien j'ai d'affection pour les colonies et les colons.* »   *Signé* Decrès.

Toutes les traites tirées, toutes les dettes contractées ont pris leur origine dans cette lettre qui fut proclamée aux îles de France et de Bourbon : c'est sous la foi de ce crédit que nous avons prêté, et c'est aussi sous la foi de ce même crédit que les administrateurs-généraux ont agi. Toutes les lettres de change, dont nous sommes porteurs, font mention du pouvoir discrétionnel donné par le ministre : ce sont des contrats sacrés qui doivent être acquittés, et qu'aucune autorité n'a le droit d'annuller.

Par le même article 1er, le ministre a fait excepter de l'annihilation les lettres de change tirées pour parts de prises,

appointemens et successions de militaires : cette distinction est vraiment
singulière ; c'est un remords de cons-
cience, dont il serait très-difficile de
donner l'explication, si on ne connais-
sait pas depuis long-temps les sentimens
de ce même ministre pour les colons
des îles de France et de Bourbon. Il
n'est pas un de nous qui n'en ait été
mal reçu, et même qui n'ait été en but
à des grossièretés révoltantes ; c'est en
nous éconduisant, c'est en provoquant
des lois désastreuses contre nous, c'est
enfin en ne laissant échapper aucune
occasion de nous nuire, que M. Decrès
s'est reconnu de tous les services que
nous lui avons rendus pendant son
séjour dans nos colonies en 1792 et
1793 (1).

---

(1) M. Decrès parut en 1792 et 1793 en qua-
lité de lieutenant de vaisseau sur la frégate de
S. M. *la Cibelle ;* plus d'une fois il a puisé dans
nos caisses : nous l'avons sauvé de la fureur des

Les lettres de change pour parts de
prises, appointemens, successions de

---

matelots de sa frégate ; nous lui avons même
retiré la corde du cou au moment où il allait
être suspendu à un arbre ; nous l'avons tenu
caché pendant des mois entiers, en attendant
que les esprits fussent plus calmes.

Il est vrai qu'alors comme dans son ministère,
il n'avait pas le talent de se faire aimer, on lui
reprochait d'avoir employé l'influence qu'il avait
sur l'esprit du chef de la division navale qui se
trouvait à l'Ile-de-France à l'époque de la décla-
ration de guerre de 1793, pour l'empêcher d'al-
ler avec les quatre frégates qu'il commandait,
croiser dans l'Inde où les Anglais n'avaient dans
le moment qu'une frégate et un bâtiment armé.
Dans la vue de cette expédition, les habitans de
l'Ile-de-France firent des sacrifices de toute espèce ; ils fournirent toutes leurs provisions aux
frégates françaises, et ils se réduisirent à quatre
onces de pain noir par jour. Ils eurent la dou-
leur de voir consommer leurs vivres dans une
croisière devant leur port, de voir rentrer les
frégates quelque temps après, avec des avaries
considérables, et d'apprendre que si elles étaient
allées dans l'Inde, elles auraient anéanti le com-

militaires, ne sont toujours que des versemens de fonds réels ou fictifs dans le trésor, et certainement ces titres ne sont pas plus sacrés que ceux de même nature, remis aux colons, aux particuliers. Cette distinction prend sa source dans les bonnes dispositions du ministre à notre égard ; il veut que les lettres de change pour parts de prises, appointemens et successions de militaires, ne soient pas annullées, attendu qu'elles sont censées appartenir à des personnes étrangères à la colonie, et il veut que celles des colons, qui sont aussi sacrées, le soient. Combien les passions sont injustes !

Art. 11.

« Les autres traites tirés sur le même
« payeur, pendant l'exercice de 1810,

---

merce anglais qui était encore dans la plus grande sécurité. Cet esprit de contrariété de la part de M. Decrès, lui mérita des mortifications qu'il n'a jamais oubliées.

« seront acquittées, savoir : celles pour
« appointemens sur l'annexe des dé-
« comptes individuels, d'après les gra-
« des reconnus et les tarifs approuvés
« par nous, lorsqu'on justifiera que les
« officiers ou autres salariés, à l'ordre
« desquels les traites ont été tirées, sont
« maintenant en France, ou lorsque les
« motifs d'une plus longue absence se-
« ront approuvés par notre ministre de
« la marine.

« Celles pour parts de prises et suc-
« cessions de militaires, dont les pro-
« duits ont été versés dans la caisse co-
« loniale dans leur intégralité, lorsqu'en
« ce qui concerne les parts de prises, on
« justifiera que les marins auxquels elles
« appartiennent, sont maintenant ren-
« trés en France, ou lorsque les mo-
« tifs d'une plus longue absence seront
« approuvés par notre ministre de la
« marine. »

On exige pour payer : 1° la représen-
tation d'un décompte individuel assu-

jetti à une reconnaissance de grade et à un tarif approuvé ; 2ᶜ la justification que le militaire ou salarié, en faveur duquel la lettre de change est tirée, est présent en France : ce sont des entraves inconnues jusqu'alors dans la comptabilité, et sur-tout dans la libre circulation que doit avoir une lettre de change une fois tirée et délivrée ; c'est un raffinement de perfidies imaginé pour atténuer et réduire à rien les créances sur l'Ile-de-France. On veut pour payer les lettres de change dont le salarié est porteur, que son grade soit reconnu en France et qu'il y soit tarifé ; mais cette disposition est absolument contraire à l'acte organique des Colonies des îles de France et de Bourbon, décrété par Napoléon ; le capitaine-général avait le droit de faire des promotions jusqu'au grade de lieutenant-colonel inclusivement, et il n'y avait que ce dernier grade qui fut assujetti à être approuvé en France. Le ministre en faisant prendre cette détermination a eu en vue de frustrer tous les officiers légalement avancés pendant huit ans , du fruit de leur avancement; c'est *encore une économie.*

La justification que le militaire ou salarié en faveur duquel la lettre de change est tirée, est présent en France, est une mesure révolutionnaire, qui à peine aurait pu être prise en 1794: n'est-il pas possible que quelque - uns soient restés malades à l'Ile-de-France , que quelques-uns y soient morts, que d'autres aient été obligés d'y demeurer pour des affaires d'intérêt, ou parce qu'ils y ont leurs domiciles, leurs familles, leurs propriétés; eh bien ! leurs parens, leurs héritiers , leurs procureurs fondés , leurs créanciers mêmes auxquels ils ont pu négocier leurs titres , n'ont pas le droit de se faire payer ; n'est-ce pas le comble de l'anarchie ? ne sont-ce pas les principes professés par Robes-pierre et ses adhérens ?

Ce genre de proscription cesse aujourd'hui avec le retour de la paix et de l'auguste famille des Bourbons.

« Celles (les lettres de change) pour « versemens de fonds réellement versés, « seront payées, d'après les certificats « des payeurs, annexés aux traites dont « il s'agit. »

Encore des entraves, encore des *économies* en assujettissant les porteurs de traites à rapporter des certificats qui n'existent pas : le meilleur certificat , c'est la lettre de change ; le gouvernement n'a-t-il pas sous les yeux le bordereau de toutes celles tirées ? n'a-t-il pas sous sa main toute la comptabilité des îles de France et de Bourbon ? Cette mesure ne peut avoir d'autre but que d'empêcher le paiement de beaucoup de traites à défaut d'avoir rempli cette formalité.

ART. III.

« Celles pour fournitures *jusqu'à* « *concurrence des deux tiers* de leur

« montant, seront considérées comme
« traites pour appointemens et fourni-
« tures ; celles qui n'ont pas eu d'autre
« origine, quoique libellées pour verse-
« ment de fonds , ainsi qu'il résulte des
« appostilles inscrites au bordereau d'é-
« mission , arrêté à l'Ile-de-France par le
« payeur et l'administrateur, le 1er no-
« vembre 1810, lesquelles traites sont
« sous les numéros ci-après :

Appointemens.

« Numéros 138-139-267-275-279-280-
« 288-291-297-298-301-302 et 303.

Fournitures.

« Numéros 1 à 9-14 à 18-21-24-28 à
« 36-40-46-52 à 62-66 à 69-81-85-94-95-
« 103-104-107-110-111-118-120-123-
« 125-126-146-147-151-153-162-166-
« 171-183-184-193-194-199-201-203-210
« à 214-219 à 225-238-241-243-248-
« 249-254-256-257-266-272-273-282-
« 285-292-295 et 300. »

Toujours des passions haineuses à satisfaire, des vengeances à exercer contre les malheureux colons de l'Ile-de-France ! Le ministre est certain que les traites pour fournitures leur appartiennent, et il les fait restreindre aux deux tiers de leur valeur. Sur quoi peut être fondée cette réduction ? sur rien absolument. Les marchés ont été passés à-peu-près aux prix que l'administration a voulu ; il n'a été exigé aucun *agio* ; cette retenue est un vol bien caractérisé (1).

La désignation des numéros rapportés dans l'article 3 est encore une infamie imaginée pour leur faire supporter la réduction d'un tiers : toutes ces traites sont relatives au dernier emprunt volontaire

---

(1) M. Decrès en partant de l'Ile-de-France en 1793, prit des lettres de change sur le trésor ; (voir le bordereau de cet exercice) ; il reçut modestement 50 p. $\frac{0}{0}$ d'agio. Ses titres ne lui furent-ils pas payés dans leur intégralité ? et il veut faire des diminutions sur des traites au pair !

fait sans intérêt : elles sont libellées va-
leurs reçues en versemens de fonds, et
cependant il a été fourni des marchandises, comme on l'a ci-devant dit.

Les administrateurs généraux, en faisant cet emprunt, annoncèrent qu'ils
prendraient pour argent comptant des
vivres, des bois à feu et de marine, et
divers autres objets, aux prix qu'ils
fixèrent ; alors plusieurs colons se libé-
rèrent de leur souscription, en fournis-
sant les marchandises demandées. On
leur donna en paiement des lettres de
change pour *versement de fonds*, et la
stipulation était exacte, parce qu'ils
pouvaient vendre leurs marchandises à
l'administration, en recevoir le paiement réel ; et dans ce cas, il se faisait
deux opérations, au lieu que, pour sim-
plifier, il ne s'en est fait qu'une ; cependant le ministre économe attaque cette
transaction ; et pour lui faire supporter,
contre toute justice, une réduction d'un
tiers, il détruit, de son autorité, l'énoncé

des administrateurs de l'Ile-de-France ,
et il en fait des traites pour *fournitures!*

Ile Buonaparte.

ART. IV.

« Les lettres de change tirées par le
« payeur général , depuis le 30 juin
« 1810, sont annullées , sauf à faire
« droit ainsi qu'il est dit à l'article 2
« pour l'Ile-de-France , sur quelques
« appointemens compris dans les traites
« dont s'agit.

C'est de même par une annihilation
arbitraire et de la plus souveraine injus-
tice que l'ancien gouvernement a voulu
se libérer envers les malheureux colons
de l'Ile-de-Bourbon , des cinq sixièmes
de leurs légitimes réclamations.

La majeure partie des dettes de l'Ile-
de-Bourbon ont été liquidées et conver-
ties en lettres de change , dans les sept
jours qui ont précédé sa capture ; et
parce que ces sept jours d'exercice pré-

sentent une très-forte somme à payer, le ministre, dans sa profonde sagesse et dans la pureté de ses principes, les élague de la comptabilité, et fait déclarer par une loi, que les lettres de change tirées depuis le 30 juin 1810, sont annullées.

L'administrateur général de l'Ile-de-Bourbon a donc prévariqué? Il a donc commis ou laissé commettre des dilapidations, puisqu'on annulle la majeure partie de ses dépenses? Voilà les demandes qui dérivent naturellement d'une pareille mesure. Mais loin de là : de même que Messieurs les administrateurs généraux de l'Ile-de-France, il a géré en tout honneur ; il est à l'abri du plus petit reproche : on peut dire plus, dans la détresse de fonds où était son administration, il a laissé arriérer ses appointemens, et il se trouve l'une des victimes du décret du 28 février 1812. Le gouvernement actuel lui rend toute la justice qui lui est due, et il l'appelle de

nouveau à son ancien poste d'administrateur général de l'Ile-de-Bourbon.

Honnête et probe administrateur,
vous devez avoir un grand regret ; c'est
celui de quitter la France avant qu'une
justice complète et éclatante ait été
rendue à vos anciens administrés. Vous
devez partir aussi avec la crainte que les
injustices de l'ancien gouvernement envers nous, ne jettent de la défaveur et du
discrédit sur votre nouvelle administration ; mais calmez vos sollicitudes, nous
touchons aux termes de nos malheurs ;
les premiers vaisseaux qui se dirigeront
vers la belle colonie de l'Ile-de-Bourbon, vous apprendront la nouvelle de
la liquidation et du paiement de l'arriéré des îles de France et de Bourbon.

ART. V.

« Les autres lettres de change tirées
« par le payeur général pendant l'exer-
« cice de 1810, seront liquidées et ac-

« quittées d'après le même mode que
« celui prescrit pour l'Ile-de-France. »

Les mêmes observations que celles
ci-devant faites pour l'Ile-de-France,
trouvent ici leur application, et on ne
pourrait que les répéter.

Dispositions générales.

ART. VI.

« Les créances, autres que celles
« pour appointemens et parts de prises
« non acquittées en lettres de change,
« lors des capitulations des îles de
« France et de Buonaparte, et préten-
« dues sur le trésor impérial par divers
« particuliers, et par la caisse des inva-
« lides de la marine, sont annullées. »

Voilà une liquidation faite en peu de
mots et avec peu d'argent : c'est ce qui
s'appelle un coup de maître ; le ministre fait annuller 1° des marchés solennels passés pour le transport des prisonniers de guerre, qui devaient être

payés en France à présentation , et qui
n'étaient pas susceptibles d'être liquidés
en lettres de change à l'Ile-de-France ;
2° des versemens de fonds de successions particulières dans le trésor colo-
nial ; 3° des condamnations prononcées
par des sentences et décisions du conseil
des prises ; 4° des décomptes très-con-
sidérables donnés à des salariés et à des
fournisseurs , après la prise des îles de
France et de Bourbon , jusqu'au dernier
souffle de l'administration française dans
ces colonies.

Les expressions manquent pour signa-
ler un pareil brigandage !..... Pourquoi
annulle-t-on des créances aussi sacrées
que celles mentionnées dans cet article ?
Quel motif plausible peut-on avoir de
les proscrire ainsi en masse , et de réduire au désespoir et à la misère au
moins deux cents familles ?

Les administrateurs généraux n'ont-
ils pas été de la plus scrupuleuse fidé-
lité ? n'ont-ils pas rendus de bons comp-

tes? ne sont-ils pas revenus avec l'estime générale de leurs administrés, moins fortunés peut-être que lorsqu'ils sont passés dans nos colonies? n'ont-ils pas été approuvés dans leur conduite ? n'ont-ils pas été même récompensés?

Dans des sentimens de vengeance et d'*économie,* on a voulu nous sacrifier et nous ruiner ; on a voulu même nous faire repentir d'avoir été trop bons français. L'heure de la justice est sonnée; bientôt les victimes que l'on a voulu dépouiller rentreront dans leurs droits.

A R T. VII et dernier.

« Si quelques autres créances exigi-
« bles au même titre que celles désignées
« dans les articles 2 et 3 étaient récla-
« mées ultérieurement, nous nous ré-
« servons de statuer sur leur paiement
« d'après le compte particulier qui nous
« sera rendu par notre ministre de la
« marine, conformément à ce qui est

« prescrit pour les créances admises par
« notre présent décret. »

Sous une apparence de justice, on se
réserve de reconnaître encore quelques
créances ; mais il est à citer que depuis
ce décret on ait appliqué cette faculté à
l'un de nous.

Le décret que nous venons de combattre et d'anéantir est un vrai chef-d'œuvre de méchanceté et de perfidie :
il est le résultat de beaucoup de veilles
et de méditations ; il n'était guère possible de frapper des coups plus directs.
Cette loi atteint tous les créanciers ,
mais notamment les colons des îles
de France et de Bourbon ; ce sont particulièrement ces derniers que l'on a
voulu dépouiller.

Les pétitionnaires, pleins de confiance
dans l'autorité dont vous êtes revêtus ,
et dont vous faites un aussi noble emploi, vous dénoncent, Messieurs ,
l'acte d'iniquité du 28 février 1812, qui

a consacré leur ruine (1); ils attendent de votre justice que vous vous empres- serez de le réformer, et de leur appli- quer le principe de la charte constitu- tionnelle qui garantit toutes les dettes de l'Etat.

---

(1) Le ministre se refusa à laisser payer un agio accordé sur des traites tirées de l'Ile-de- France, pendant l'exercice de 1808; le conseil d'état, par un avis du mois de mars 1810, décida que cet agio était juste, et qu'il devait être acquitté.

Paris, 15 septembre 1814.

FIN.

De l'Imprimerie de J. G. Dentu.